신기한 스쿨 버스 키즈 Kids

⑬ 빛나는 유령의 정체 — 빛의 원리

조애너 콜 글 · 브루스 디건 그림/ 이강환 옮김

1판 1쇄 펴냄—2002년 6월 5일, 1판 50쇄 펴냄—2015년 11월 5일
펴낸이 박상희 펴낸곳 (주)비룡소 출판등록 1994. 3. 17.(제16-849호)
주소 06027 서울시 강남구 도산대로1길 62 강남출판문화센터 4층
전화 영업(통신판매) 02)515-2000(내선 1) 팩스 02)515-2007 편집 02)3443-4318,9 홈페이지 www.bir.co.kr

ISBN 978-89-491-5036-9 74400 / ISBN 978-89-491-5023-9(세트)

신기한 스쿨 버스 Kids

⑬ 빛나는 유령의 정체 — 빛의 원리

조애너 콜 글 · 브루스 디건 그림/ 이강환 옮김

비룡소

"굉장해! 너무 놀라워!" 우리는 빛의 마술 쇼를 보며 소리쳤어요. 쇼는 정말 멋졌어요. 극장은 아이들로 꽉 찼어요. 아널드의 사촌인 자넷도 있었지요. 하지만 자넷은 기분이 별로 좋지 않았어요.

"빛의 마술 쇼라니 너무 지루하지 않니? 이게 무슨 마술이라는 거야! 차라리 다른 마술 쇼를 보러 갈걸." 자넷이 말했습니다.

쇼가 끝난 뒤 극장 입구에서 자넷이 투덜거렸어요. "정말 지루해! 내가 해도 저것보다는 낫겠어. 나도 빛으로 마술을 부릴 수 있어." 그러더니 겁먹은 표정을 지으며 속삭였어요. "하지만 지금은 할 수가 없어. 왜냐하면 극장에 유령이 있거든!"

"자넷, 엉뚱한 소리 좀 하지 마. 유령 같은 건 없어." 키샤가 웃어댔어요.

"이제 큰일 났다. 네가 유령을 화나게 했어. 우리에게 나쁜 일이 일어나면 다 네 탓이야." 자넷이 키샤에게 말했습니다.

바로 그때, 갑자기 극장의 전깃불이 모두 꺼졌어요!

우리는 유령이 없다는 걸 잘 알고 있지만, 갑자기 무서워져서 후닥닥 극장 밖으로 뛰어 나왔어요. 마침 프리즐 선생님이 대형 리무진을 타고 극장 모퉁이를 돌아 나오고 있었어요. 그 차는 스쿨 버스와 정말 비슷하게 생겼어요.

프리즐 선생님은 차에서 내렸어요. 선생님은 항상 신기하고 멋진 옷을 입고 다니지만, 이번에는 정말 굉장했어요.

"마술 쇼는 재미있었나요? 그럼 이제 학교로 돌아가죠." 프리즐 선생님이 말했습니다.

그런데 자넷과 아널드가 보이지 않았어요!

우리는 자넷과 아널드를 찾으러 다시 극장 안으로 들어갔어요.

불이 꺼진 극장 안은 어둡고 으스스했어요.

프리즐 선생님이 말했어요. "빛은 언제나 광원에서 나와요. 광원이란 태양이나 전구, 촛불처럼 스스로 빛을 내는 물체를 말하죠." 그러고는 귀고리를 잡아당겼어요!
이럴 때에는 정말 프리즐 선생님이 담임 선생님이라 다행이에요. 아무 선생님이나 불이 켜지는 귀고리를 달고 다니지는 않거든요.

우리는 선생님을 따라 안으로 더 들어갔어요.

"전등 귀고리가 있어서 정말 다행이에요. 하지만 아널드와 자넷을 찾으려면 빛이 더 있어야 해요. 이 극장은 너무 넓어요!" 키샤가 말했습니다.

우리는 무대 위로 올라갔어요. 주위는 온통 캄캄했지요.
갑자기 공중에 아널드의 모습이 나타났어요. 아널드는 유령처럼 투명해 보였고,
무척 겁먹은 표정이었어요. 그런데 갑자기 아널드의 모습이 사라졌어요!
키샤는 자넷이 장난치는 거라고 생각했어요.

"아널드와 자넷을 찾으려면 극장 안이 더 밝아야 해. 무슨 방법이 없을까?"
키샤가 말했어요.
"키샤, 네가 원한다면 방법은 얼마든지 있단다. 리즈, 시작해." 프리즐 선생님의
말이 끝나자마자 갑자기 무대 바닥이 솟아올랐어요. 그리고 스쿨 버스가 무대
아래에서 나타났지요.

스쿨 버스 위에는 커다란 전구와 투명하고 구불구불한 소라 모양의 긴 관이 솟아 있었어요.

"유령이 정말 있는지 알아봐요." 프리즐 선생님이 긴 관을 가리키며 말했어요.

"우리더러 여기로 들어가라고요?" 키샤가 물었습니다.

"어둠을 밝히려면 빛이 있어야죠!" 프리즐 선생님이 대답했습니다.

키샤가 소라 모양의 관 속으로 뛰어들자 키샤가 빛으로 변했어요!
빛은 버스 전구에서 튀어나와 곧바로 프리즐 선생님을 향해 날아갔어요.
빛이 프리즐 선생님에게 부딪치자 빛은 다시 키샤로 바뀌었어요.

멀리 날아가야지. 내려간다아아아!

"우리도 빛이 될 수 있나요?" 완다가 물었습니다.
"너희가 모두 빛이 되면, 내 눈이 부실 거야."
프리즐 선생님이 아래에서 소리쳤어요.
"그럼, 빛이 되어 날아 봐야지." 완다가 말했습니다.
우리는 소라 모양의 관으로 뛰어들었어요. 모두 빛으로 변해
다른 방향으로 날아갔지요. 그러고는 어딘가에 부딪히자마자,
우리는 다시 원래의 모습으로 되돌아왔어요.

벽에 부딪히지 않았다면
계속 날아갔을 거야!

카를로스는 극장을 가로질러 날아가서 도르래에 달린 밧줄을 잡았어요.
카를로스가 밧줄을 잡아당기자, 묘지가 그려진 막이 들어올려졌어요.
그때 랠프가 곧바로 그림으로 날아가 부딪혔지요.
"알았어! 빛은 어딘가에 부딪히기 전에는 언제나 똑바로 날아가."
키샤가 소리쳤어요.

그것을 빛이 '직진'한다고 하지.

도로시 앤과 팀은 무대 옆으로 날아갔어요. 그곳에는 마침 손전등이 놓여 있었어요.
도로시 앤이 손전등을 켜자, 눈앞에 괴물의 손처럼 보이는 무시무시한 것이 나타났어요.

저저저저- 저게 뭐야?

팀이 본 무시무시한 모양은 종이로 만든 나무의 나뭇가지 그림자였어요.

"빛은 항상 똑바로 나아갈 뿐 물체를 피해 갈 수 없어. 그렇기 때문에 손전등 빛은 나무에 막혀서 벽에 닿지 못해. 물체가 빛을 가려서 뒤쪽에 거무스름한 모양이 나타나는 것을 그림자라고 하는 거야." 도로시 앤이 말했습니다.

그동안에도 우리는 어떻게 아널드와 자넷을 찾을지 계속 궁리했어요.

"빛을 원하는 곳에 비출 수 있어야 극장 안에서 무슨 일이 일어나고 있는지 볼 수 있지."

키샤가 어두운 구석을 가리키며 말했습니다.

"그럼 빛의 반사를 이용하죠! 리즈, 반사가 무엇인지 보여 주렴!"

프리즐 선생님이 커다란 거울 옆에 서서 소리쳤습니다.

리즈가 소라 관 속으로 뛰어들더니 빛이 되어 거울을 향해 날아왔어요.

빛은 거울에 부딪혀 팅겨 나가 어두운 구석을 향해 날아갔어요! 잠시 구석이 환해졌지요.

그러나 벽에 부딪히자 빛은 다시 리즈로 돌아왔어요.

"굉장해. 하지만 버스 전구에서 나오는 빛은 사방으로 퍼져 나가잖아.
어떻게 그 빛을 우리가 원하는 곳에 비출 수 있지?" 카를로스가 말했습니다.
"그런데 이건 뭐지?" 키샤가 무대 위에 있는 이상하게 생긴 등을 들어올리며 말했어요.
"이건 오래된 조명이에요. 전깃불이 만들어지기 전에 무대를 비출 때 사용하던 거죠.
스쿨 버스에도 이런 조명이 있어야 할 것 같군요." 프리즐 선생님이 설명했습니다.

우리는 스쿨 버스로 달려갔어요.
"버스에 둥근 거울이 붙어 있는 것을 본 것 같아!"
카를로스가 소리쳤습니다. 카를로스가 스쿨 버스의
지붕을 잡아당기자 거대한 둥근 거울이 나타났어요!
둥근 거울은 사방으로 퍼지던 전구 빛을
한 방향으로 모아 줬어요.

목표를
잘 맞추세요!

됐어! 이제 우리가 원하는
곳을 마음대로 비출 수 있어!

우리는 버스 전구의 빛을 위를 향해 비추었어요.
그러자 아까보다 더 큰 아널드의 '유령'이 나타났어요!
랠프가 재미있는 질문을 했습니다.
"원래 유령은 빛을 비추면 없어져야 하는 거 아니야?
어떻게 이 유령은 더 잘 보이지?"
"빛을 비춰서 더 잘 보인다면 유령이 아니겠지."
키샤가 말했습니다.
가만히 생각해 보니, 어쩌면 진짜 유령이 아닐지도
모르겠어요.

빛을 찾으려면 빛을 따라가라.

빛을 비추니까 확실해졌어!
이건 속임수야.

키샤는 스쿨 버스로 달려가서
소라 모양의 관으로 들어갔어요.
키샤는 곧바로 날아가 아널드의
유령에 부딪혔어요. 그러자 곧
반사되어 버렸어요!
그건 유령이 아니었어요. 단지
공중에 매달려 있는 유리였어요.

내가 밝혀 내겠어.

핑!

키샤는 계속 날아가다 천장에 달려 있는 밧줄을 잡았어요. 키샤가 주위를 둘러보니 자넷이 아널드의 유령을 만들고 있는 모습이 보였어요.

내 생각이 맞았어!
이건 아널드의 유령이 아니라
아널드가 반사된 모습일 뿐이야!

자넷이 아널드에게 빛을 비추면 그 빛이 유리에 비쳐
우리에게 보인 거예요. 자넷이 거울이 아니라 투명한 유리를
사용했기 때문에, 우리에게는 아널드가 투명하게 보였던 거지요!
그래서 아널드의 유령이라고 생각했던 거예요.

키샤가 무대 위로 달려오면서 소리쳤어요. "유령이다!"

우리는 키샤가 갑자기 왜 그러는지 이상했어요.

키샤는 우리 쪽으로 달려오더니 조용히 속삭였어요.

"겁먹은 척해. 이번에는 우리가 자넷을 속일 차례야."

그러고는 큰 소리로 외쳤어요. "여기서 빨리 나가야 해!"

우리는 소리를 지르며 극장 밖으로 달려 나갔어요.

그러는 동안 무대 뒤에서는 자넷이 아널드와 이야기를
하고 있었어요. 아널드는 아직도 자넷이 우리를 놀리고
있다는 사실을 알아채지 못했어요.
"이제 나가도 되겠어." 자넷이 아널드에게 말했어요.

바로 그때, 자넷의 뒤에 있던 조명이 갑자기
꺼졌어요.
그리고 카를로스가 극장 안으로 몰래 들어와서
아널드의 입을 막아 밖으로 끌고 나왔지요.
어둠 속에 자넷만 혼자 남겨 둔 채로 말이에요.

자아아아아넷 ······.

자넷은 천장에서 무섭게 생긴 유령이
떠다니는 것을 봤어요. 사실 그 유령은
유리에 반사된 키샤의 모습이었어요!
자넷은 자기 속임수에 똑같이 당한 거예요!

자넷은 정말로 무서웠어요.
그래서 허겁지겁 극장 밖으로
달려 나가며 소리쳤어요!
"유령이야, 유령!"

자넷은 극장 밖에서 유령 옷을 입은 키샤를 보았어요.

"날 속였어!" 자넷이 소리쳤습니다.

"자넷, 네가 먼저 우리를 속였잖아! 우리는 너를 따라한 것 뿐이야. 하지만 네 덕분에 빛이 어떻게 움직이는지 알게 됐어." 키샤가 말했습니다.

"그건 내가 너희들보다 더 똑똑하다는 말이지?" 자넷이 물었습니다.

"그런 건 중요하지 않아요. 우리가 함께 있으면 해결하지 못할 문제는 없으니까요!" 프리즐 선생님이 말했습니다.

편집자에게 걸려온 전화

전화기: 따르릉! 따르릉!

편집자: 신기한 스쿨 버스 편집자입니다.

라이트: 방금 불빛 아래에서 빛에 대한 책을 읽었어요. 그리고…….

편집자: 그리고 정말 빛나는 책이었다는 말을 하려고 전화를 하신 거죠?

라이트: 그러니까…… 그래요. 하지만 전 책 속에서 빛으로 변한 아이들이 움직이는 것처럼 빛이 여기저기로 다니는 모습을 한 번도 본 적이 없어요.

편집자: 맞아요! 빛은 너무 빨라서 우리는 빛이 돌아다니는 걸 볼 수 없어요.

라이트: 그렇다면 빛이 어떻게 움직이는지 보여 주기 위해서, 아이들이 빛으로 변했을 때 빛의 속도를 늦춘 건가요?

편집자: 바로 그렇답니다!

상자 속의 유령

자넷의 속임수는 마술사들이 오래 전에 사용하던 속임수예요.
여러분도 친구들과 함께 해 보세요.

1. 네모난 상자의 안쪽을 검게 칠해요.

2. 상자의 이웃한 두 면에 구멍을 뚫어요.

3. 마분지로 창틀을 만들어 랩을 씌워요. 그리고 구멍이 뚫린 두 면과 삼각형을 이루도록 창틀을 상자에 대각선으로 비스듬히 고정시켜요. 테이프로 붙여야 할 거예요.

4. 마분지로 유령으로 보일 그림을 만들어서 창틀 아래 바닥에 놓아요.

5. 구멍이 위쪽과 앞면에 오도록 상자를 놓아요.

6. 위에 난 구멍에 손전등으로 빛을 비추면 바닥의 그림이 비닐 랩에 반사돼요. 그러면 옆에 난 구멍을 통해 그림이 '유령'처럼 보이죠.

7. 손전등을 끄면 반사되는 빛이 없기 때문에 유령은 사라져요!

글쓴이 **조애너 콜**은 미국 뉴저지 주 뉴어크에서 태어났다. 초등학교 사서로 있다가 어린이 책 작가가 된 조애너는 책을 쓰기 전에 전문가 인터뷰와 철저한 자료 조사를 하는 것으로 유명하다. 「신기한 스쿨 버스」 시리즈로 《워싱턴 포스트》 논픽션 상, 데이비드 맥코드 문학상, 전미교육협회 공로상 등을 받았다.

그린이 **브루스 디건**은 1945년 미국에서 태어나 뉴욕 쿠퍼 유니언 대학과 프라트 대학에서 일러스트를 전공했다. 「신기한 스쿨 버스」의 주인공들처럼 밝고 익살스러운 성격으로, 한때 아이들에게 미술을 가르치기도 했다. 자신이 직접 글을 쓴 『잼베리』 등을 비롯, 수십 권의 어린이 책에 그림을 그렸다.

옮긴이 **이강환**은 서울대학교 천문학과를 졸업하고, 같은 대학 대학원에서 박사 학위를 받았다. 옮긴 책으로는 『꼬마 박사 궁금이의 똑똑한 뇌 이야기』, 『별의별 원소들』, 「신기한 스쿨 버스」 시리즈 등이 있다.